OSKAR BÖHME

Trompetenkonzert
f-moll

Opus 18

Trompete und Klavier

<Herbst>

SIMROCK
ORIGINAL EDITION

Konzert f-moll
für Trompete und Klavier

Concerto F minor
for Trumpet and Piano

Oskar Böhme, op. 18
Rev. von Franz Herbst

Allegro moderato (♩ = 108)

Trompete (Kornett) in B
Trumpet (Cornet) in B♭

PIANO

un poco rit.

mf

p

(ad lib.)

4711

A

B Tempo I

C Tempo I

D

E Tempo I

OSKAR BÖHME

Trompetenkonzert
f-moll

Opus 18

\<Herbst\>

Trompete

SIMROCK

ORIGINAL EDITION

Konzert f-moll
für Trompete und Klavier

Concerto F minor
for Trumpet and Piano

Trompete in B
Trumpet in B♭

Oskar Böhme, op. 18
Rev. von Franz Herbst

Rondo.

Allegro scherzando. (M.M. ♩. = 80)